아주, 가끔은 꽃의 이름으로 걸었다

제41차 기획시선 공모당선 시집

아주, 가끔은 꽃의 이름으로 걸었다

시산맥 기획시선 123

초판 1쇄 인쇄 | 2024년 2월 20일
초판 1쇄 발행 | 2024년 2월 25일

지은이 한승희
펴낸이 문정영
펴낸곳 시산맥사
편집주간 김필영
편집위원 신정민 최연수
등록번호 제300-2013-12호
등록일자 2009년 4월 15일
주소 03131 서울특별시 종로구 율곡로 6길 36. 월드오피스텔 1102호
전화 02-764-8722, 010-8894-8722
전자우편 poemmtss@naver.com
시산맥카페 http://cafe.daum.net/poemmtss

ISBN 979-11-6243-444-4 (03810) 종이책
ISBN 979-11-6243-445-1 (05810) 전자책

값 12,000원

* 이 책은 전부 또는 일부 내용을 재사용하려면 반드시 저작권자와 시산맥사의 동의를 받아야 합니다.
* 이 책은 교보문고와 연계하여 전자북으로 발간되었습니다.
* 본문 페이지에서 한 연이 첫 번째 행에서 시작될 때에는 〈 표기를 합니다.
* 저자의 의도에 따라 작품의 보조 동사와 합성 명사는 띄어쓰기가 달라질 수 있습니다.

아주, 가끔은 꽃의 이름으로 걸었다

한승희 시집

■ 시인의 말

꽃의 이름으로 그대를 부릅니다.
안녕
오늘, 나는 봄입니다.

꽃들의 안부를 곁에 두고
이제,
몇 개의 은유만으로도
세상의 모든 풍경을 다 끌어당기셨던
선생님의 낮은 음성을 들어봅니다.

몇 개의 사연들만으로도
세속의 모든 서정을 다 풀어내셨던
선생님의 고결한 자술서를 담아봅니다.

갈담리, 푸른 서정에 기대어
오늘, 나는
계절의 한쪽에만 불시착한 먼 곳의 그리움입니다.
저기압의 능선을 따라 돌고 도는 구름입니다.
또한 그리운 날의 은신처입니다.

몇 줌 바람에도 날아갈 듯한 그리움이
주저앉은 한 생애를 깨우고
그 그리움의 끝엔
엉겅퀴만이 노을의 한끝을 잡고 있습니다.

엉겅퀴는 바람을 말하지 않는다. 다만 꽃들의 생애를 말없이 적어내고 있을 뿐이다.

해설을 담아주신 공광규 선생님과 지면을 내어주신 문정영 선생님, 그리고 은유의 길로 이끌어주신 박경원 선생님께 푸른 조사들을 바칩니다.

2024년 봄. 날.

■ 차례

1부

가끔씩 나무는 새를 낳는다	19
꽃을 피우려고 나무는	20
꽃길	21
그곳에 카페가 있었다	22
나를 건너가는 어둠을 보았다	24
새를 접으며	26
능내역	28
강도 렌트할 수 있나요	30
거미에 대한 짧은 왜곡	32
겹	34
마른 수수깡에 대하여	36
꽃그늘	38
무수리 일기	40
굽 낮은 민들레	42
자작나무 숲	44

2부

노르웨이숲 고양이	49
은밀한 힘	50
바람의 언덕	52
찬란한 슬픔	54
봄의 흔적	56
청춘을 위한 파반느	58
장마	60
램프에 대한 몇 가지 금기	61
편지	62
개미들이 큰일났다	64
기억의 통로	66
유리의 안쪽	68
별과 성서	70
선인장	72
장미를 슬픔이라고 불렀다	73

3부

그해 겨울의 진술들   79
빗소리   80
호접몽   82
봄날은 간다   83
모든 죽음은 나무들의 구석을 지향한다   84
마닐라엔 휴일이 없다   86
숨   88
커피 이야기   90
4월의 침묵   92
진달래꽃   94
찔레꽃   96
탁발   98
봄의 말을 옮겨 놓다   100
하류에서   101
접속   102

4부

파리 날다	107
저주받은 동행	108
청등도	110
퇴촌에서	112
화이트 크리스마스	114
별의 꽃	115
엉겅퀴	116
봉합이 덜된 이야기	117
탈고 안 될 전설	118
귀거래사	120
붉은 벽돌들의 모퉁이를 돌다	122
봄을 팔아요	124
강변포장마차	126
만추	128
풍경	130

■ 해설 | 공광규(시인)　　　　　133

1부

가끔씩 나무는 새를 낳는다

부리를 가지고 있는 건 연둣빛밖에 없다
겨우내 실종한 새들의 울음소리가
나무 속에서 연둣빛 부리를 드러내는,
그러나 아직은 어떤 하늘이 뛰어들지 알 수 없고
초봄 한때 모든 나무 속엔
지난가을 이후 모습을 감췄던
새들의 부리들이
연둣빛 노래를 꺼내려는 안간힘이 있다
그렇다면 새들은
지난가을 이후 모두 화석이 되었던 것일까
노래를 멈추고 나이테 속에 박힌 채
어두침침한 날들을 넘어왔단 말인가
끝내 가슴을 후벼파도 열리지 않는
나무들의 지난날
그 입구,
좀처럼 아무것도 새어 나오지 않을 것 같던
나무들의 한 쪽이 바람을 옮기려는 듯
우지끈 기우는 한때
봄의 나무 속엔 겨우내 노래를 담고 지낸
새 몇 마리 푸른 부리를 나이테 밖으로 내밀고 있다

꽃을 피우려고 나무는

이전부터 나무는 잎눈을 키우며
수시로 땅에 귀를 대고 있었는데

이전부터 하늘은 절기 어디쯤
꽃잎으로 갈아 끼워 놓을
바람의 숨결을 살피고 있었는데

이전부터 나무는 꽃을 피우려고
지난 계절 탕진했던
심장을 뜨겁게 매만졌는데

묵은 달빛을 저만치 걷어내고
꼭 감고 있던 잎눈을
나무는
연둣빛 새의 부리 같은 눈을

툭 툭 툭 내밀고 마는데
그때

나무와 나무는 겨우내 묵혀두었던
숨을 크게 훅 뱉어내는데

그때 탕 탕 탕 꽃은 피지

꽃길

길이 환하다
꽃이 피었다
피어 있는 것들은 모두가 환하다
바람이 덜어낸 형량을 줄이면
복면을 쓴 죄를 삼키고도
저 꽃들 속에서
4월의 비망록에 이를 것이다
생의 마디들이
간이역마다 제 잎을 떨구고
뿌 우 우 기적을 먹어 치우면
저 꽃 같은 울음들은
어디서 저를 찾아낼까
꽃이 환하다
길이 꽃물 들었다
엄마의 등 뒤로 쏟아지던
햇살이 4월로 뛰어들었다
전설을 묻어버린 암각화의
그것처럼
굽은 엄마의 등 뒤에서
잊은 듯 꽃 하나 필 것이다

그곳에 카페가 있었다

7번 국도를 지나다 들렀던 카페였다
커피 향이 문밖을 나와
내리는 눈을 마중하고 있었다

나무로 짠 선반에
버번이나 포도주가 오래된 손님처럼 묵혀 있고
산山 빛을 들이던 계곡 창에서
펑펑 눈이 내리고 있었다

테라스에서 보이는 산에는
나무의 모양대로 눈이 쌓여 있고
개울을 덮은 얼음이 눈부신 햇살을 쏘아 올리고 있었다

커피를 마시다가 눈이 더 쌓이면
그 길에 갇혀서
몇 날이고 더 머물며
눈처럼 맑은 사람 하나 만나고 싶었다

반짝이는 그 사람과 눈 시린 허공의 길을 따라
새들이 찍어 놓은 발자국을 끝도 없이 밟고 싶었다

〈
7번 국도를 지나던 길이었다

눈의 풍경처럼 앉아 있었던 그 카페

덜컹, 눈보라 치는 문밖으로 가야 할 길이 보였다

나를 건너가는 어둠을 보았다

밤이 시작되는 소리를 들었다
바짝 긴장한 그리움이 소리를 낮추며
밤의 중심으로 걸어갔다
가끔 찾아들던 절망의 간격이
헐거워진 제 빗장을 풀어 어둠에 비벼댔다
절망은 모두가 어두운색이다
짙은 립스틱처럼 유혹의 습기를 가졌다
씨를 키운 절망의 마디들은
몇몇 남은 불빛으로 제 몸을 섞었다
절망과 섞인 어둠의 살들이
제 호흡을 할딱이면
낮은 울음이 밤의 외진 곳으로 걸어갔다
차가운 달빛이 창을 건너와
제 몸을 식히고 돌아갈 때쯤이었다
가끔 보이던 누적의 바람이
번식을 마치고
밤의 절망보다 더 깊게 숨을 죽일 때
어둠의 씨들은 제 마디를 부풀려
푸릇한 달빛을 먹어 치웠다
제 입을 키워 절반의 하늘을 먹어 치웠다

태양의 기억을 숨기기에 적절한 크기였다
지독한 체증이 왔고
나는 소화제의 한 귀를 잘라
서둘러 새벽을 여는 새들에게 던져주었다

새를 접으며

종이에 살짝 스쳤을 뿐인데
빨갛게 피가 배어 나온다
단지, 스쳤을 뿐인데
몸에 고였던 눈물이 흘러나와
종이를 빨갛게 물들인다

너를 보내고 밤새 종이를 접었다

꽃을 접고 나비를 접고
새를 접어 허공으로 날렸다

새는 문턱을 넘어가지 못했다

옥상에서 벼랑에서
너에게 날아가는 새가 되고 싶어
문밖을 나서기도 했다가

다시 돌아와 종이를 접으며
살짝, 스쳤을 뿐인데
빨갛게 피가 배어 나온다

〈
종이에 슬픔을 베이며
들켜버린
너에게로 가는 붉은 마음을 접는다

능내역*

그곳에서 길이 멈췄다

능내를 걸어가며 나는 세월로 엮은
폐역의 문장을 읽는다
떠나야 할 것과 멈춰야 할 것들이
그곳에서 시큼하게 교차한다
떠나는 것들의 이름을 부르며
늙은 창틈으로 마른 계절이 지나간다
저만치 느리게 걷는 사람들
지워진 길 위로 발자국을 찍는 사람들
옹이 웃음을 길 위에 뿌리며
바람의 깃을 담는 사람들
길이 풍경이었다가
사람이 풍경이 되어가는 그곳에서
바람의 쓸쓸해진 문장과
가슴과 가슴이 건너가는
접속어를 기다리며
무너진 시간을 추스르는 사람들
두 알의 바퀴를 굴리며
잃어버린 꿈 하나 찾는 사람들

다시,
삶의 안쪽으로 떠나가는 사람들
계절 밖에는 비가 내렸고
쿨럭이는 그 길에서 나는 정지됐다
잠시, 멈춤
그곳에서 다시 길이 시작되었다

* 능내역 : 경기도 남양주시 조안면 능내리에 있던 기차역으로 2008년 12월 폐역(廢驛)되었으며, 이 역을 대신하여 운길산역이 신설되었다.

강도 렌트할 수 있나요

내 집 거실엔 정수기 하나 있다
몇 모금의 물만 갖고도
강의 세월을 읽어내는 필터와 정수기는
지난봄 렌트해온 것이다
그리고 정말이지 가까운 곳엔 강 하나 있다
그 강은 렌트할 수 없어
핸드폰 속으로만 조금씩 담거나
안개 낀 안부 너머로 흘려 넣곤 했으므로
나머지의 흐름은 새벽잠 몫이곤 하는,
내 집 거실엔
연어가 모천으로 회귀할 때의
지느러미 소리 같은 정수기 하나 있다
거실 속에서 이따금 꾸르륵꾸르륵
소화불량에 걸리고
그럴 때마다 강은
더 깊은 억새 숲에라도 갇힌 듯
좀처럼 흐름을 만들지 못하는 사이
나는 한번은 부려 놓았어야 할
내 안의 시원이라도 찾듯
새벽 거실 안을 몇 번이고 서성인다

지난밤 핸드폰 속에 갇힌
누군가의 억새 숲을 조심스럽게 읽어내며
야광 속의 메시지들을 연어처럼 거슬러 오른다

거미에 대한 짧은 왜곡

내 안 어디에서도 허공은 피살되지 않았습니다
일몰이 몰아다 준 약간의 끼니가 저장되어 있습니다만
혹, 찾아보시지요

거미의 집은 아이러니다
날마다 아이러니를 짜고 늘리며
저녁의 안쪽까지 덫을 이끌고 간다
노을이 쩍 달라붙고
공복의 떨림이 줄의 한끝을 당기는 듯한
긴장의 한구석을 빠르게 점거한다
어떤 노래가 흉기로 바뀔지도 모를
어슴푸레한 한때,
모든 반가움은 눈에 띄지 않아도 거인처럼
따뜻하다
눈에 띄어도 곧 노래로 되돌아갈 환영에 불과하다
주파수를 감지할 수 없는 날들
꽁무니로 달아났던 세상의 일용한 것들을 이끌어 오고
누추한 희망을 일깨워 줄 저녁은 그러나 드물다

이튿날이 되고

눈부신 속을 햇살 몇 줌
해장하러 들르는 한때
세상의 모든 거미들은 퉁퉁 부은 꽁무니로
간밤의 과거들을 빠져나가곤 한다

겹

몸에 난 숨구멍을 다 열고
항아리는 숨을 쉬었다

항아리 속엔 어둠이 제 살을 늘리고 있었다

귀퉁이가 깨진 뚜껑을 열자
양파가 제 몸의 겹을 허물며 싹을 밀어 올리고 있었다

그늘이 무성한 항아리 속에서 산란의 길을 찾아 어둠을 줄이며
양파는 꽃이 피는 방향으로 눈을 두고
뿌리로 땅의 길을 더듬어 내고 있었다

빛이 모이는 곳으로 몸을 트느라
벗겨낼수록 뽀얗게 영글었던 겹겹의 몸은 한 겹 한 겹씩 무너졌다
뿌리는 작아지고
몸은 허물어졌다

벗겨낼수록 뽀얗게 속살이 오르던 스무 살의 나는 집을 떠

나며
  세상에 떠도는 자신감을 믿기로 했었다
  무모한 나를 지키기 위해 빛이 드는 방향으로 몸을 틀며
  생의 눈부신 순간을 기다렸다

  그러나 세상에 남아 있는 눈부신 일이란 꽃을 피우는 일만이 아니었다
  더 이상 잎이 자라지 않는 몸에 나는,
  씨앗을 심었다

  내 몸의 겹을 허물고 나온 내 아이의 스무 살이 몸을 틀고 있다
  눈부시게 눈이 부시게

마른 수수깡에 대하여

초가을엔 수수밭을 지나치지 말아야 한다
수수처럼 변덕스러운 게 또 어디에 있을까
그 밭에 들면 모든 햇살들은
마른 줄기를 타고 오르려 몇 번이고 가을을 헛짚는다
그래 나에게도 수수깡과 나눴던 사춘기들이 있었지
잎음들은 어디에도 없는 마디라도 찾으려는 듯
긴 목을 뺐고,
긴 목을 뺐다는 건 이미 저쪽 소년에게 자존심을 던졌다는 것
이야기들은 달콤했다
그때마다 수수깡의 잎들은 자꾸 목이 마른 듯
더 낮은 노을들에 몸을 비틀었고,
저녁의 목소리들은 다 어디에서 오는 걸까
나는 의문에 빠졌고
그 목소리는 이미 먼 뒷모습만 남긴 후였으므로
나의 갈증들도 곧 저물기 시작한 수수깡 속으로 잊히곤 하던

그래 초가을엔 수수밭을 지나쳐야 한다
더 높은 곳의 날들을 헤매도 좀처럼 잡히지 않던 마디들과
어느 오후의 잎새들을 두리번거리며 한 소년을 기다리는 일
한 수수깡은 또 다른 수수깡에 몸을 던지며

저묾 속으로 퉁겨졌고,
나 오래전 붉은 수수밭에 들러 사랑에 빠진 적 있었지
서로의 침묵은 또 다른 마디를 얻으려
더 높은 바람을 붙잡으려 애쓰던
아주 오래전의 붉은 사연들이 있었지

꽃그늘

겨울을 접고 붉은 동백이 피었다

활짝 피웠다가
온몸으로 지는 꽃

언제부턴가 나는 그늘을 들여놓고 살고 있었다

뼈가 얇아지고 수액이 빠져나간 몸에서는
수시로 오래 묵은 갈증이 튀어나왔다

새치가 늘어가는 머리카락과 내려앉은 눈
낯선 나를 보면
거기서, 젊어서 죽은 아버지가 읽혔다

희미하게 비쳤다가 툭, 뭉그러지는 얼굴
너무 어려서부터
아버지의 죽음을 기억하고 있는 얼굴

아버지를 닮았을
고집 센 사내 하나 들여 살다 꺾인

저 그늘을 드리운 몸

거울 속에 핀 붉은 립스틱
그 안에 온몸으로 지는 꽃그늘이 보였다

그늘이 없는 꽃에서는 향기가 나지 않았다

무수리* 일기

노을이 몰려들면 나는
자주 무수리를 드나들었었다

물살 속으로 가을이 잠겨 있던 날
무수리 어귀에서 손짓하는 갈대가
오래전 끊긴 뱃길을
빈 배에 묶어 놓았는지
물고기의 은빛 생애가 가득했다

길을 가다가 가 보다가
더는 먼 곳이 보이지 않을 때
지친 걸음을 놓고
나는 무수리에 가서 빈 배를 보았다

별도 달도 가던 길을 놓고 잠시
얼굴을 매만지고 가는 그 강에선
바람의 지문조차 느리게
느리게 물살을 어루만지며 흘렀다

생이 저만큼의 느린 물살 속에 머물러

너와 내가 가는 길목 어디쯤에서
그 틈을 내어주면
발목 아픈 새 몇 마리 저 배에 앉아
토닥이며 서로를 만져줄 수 있을까

반 토막 쓰던 일기를 들고
나는 자주 무수리에 갔었다

갈대는 저 혼자 늙어 갔는지
은빛 가득 생을 풀어 빈 배를 만지작거리고 있었다

* 무수리 : 경기도 광주 퇴촌에 있는 경안천 습지 생태공원 맞은편 강 건넛마을.

굽 낮은 민들레

어떤 굽 낮은 담장이
노스텔지어를 외면하며
사월을 얘기하겠는지요

겨우내 담고 있던 슬픔이
제 거처를 빠져나와
봄의 풍토병 속으로 뛰어듭니다

남쪽 바람이 흘린 소문은
부활절보다 먼저 수런거리며
노란 슬픔들을 피워놓습니다

이럴 때 바람의 등 뒤에 있던
계절 밖의 사람들은
오래 앓은 기침 소리*를
창밖, 햇살에 말리곤 했지요

모두가 노랗기만 했던 시절
세상의 슬픔들은 모두가
민들레를 들러

홀씨를 던져넣곤 했습니다

손수건을 빌리지 않고서도
제 사연들은 우후죽순 피었고
사월을 뒤척이다가 나는,
노란 슬픔에 베이고 말았습니다

* 곽재구 시인의 시 「사평역」에서 인용.

자작나무 숲

계절이 바뀌어도 떨쳐내지 못하는
너를 생각하다가 자작나무 숲에 들었다
너는 나에게서 멀어져 있고
나는 너에게 아직 머물러 있다
이별은 가깝고도 멀다
잔바람에 뒤를 하얗게 보인 잎사귀와
바람이 업고 가는 내 작은 한숨 소리가
자작자작 부딪치고
나무 사이를 넘어지며 햇살에 튕긴다
사랑은 가깝고도 멀다

보고 싶다
사무치게 보고 싶다
푹 삭힌 말을 나무 아래 묻으며
멀어진 너와의 거리도 묻는다

저 나무들 하늘을 얼마나 받치고 있어야
저만큼의 거리에서
저처럼 가깝게
지극하며 다정할까 싶어

질투 어린 마음도 나무 아래 묻는다

자작나무 숲에선 달밤으로 타던 몸
그만큼의 거리를 두고
하얗게 허물며 서로 잎이 지는데

시월이 늦어지면 나도 저 숲에서
저만큼의 거리를 두고
하얗게 옷을 벗고
서서 지는 잎을 따라
하얗게 허물어지고 싶은 것인데

2부

노르웨이숲 고양이

진눈깨비가 추적추적 내리고 있었다
시린 발을 끌며 나는 길을 걸었다

몸을 둥글려 캣타워 나무집에 앉아 있는
노르웨이숲 고양이의 제 발을 핥는 모습이
고양이분양 상점 유리문에 비쳤다

길게 날리는 털과 부드러운 외모와
애교가 매력이라는

노르웨이의 숲에 가본 적 없을 저 고양이가
왠지 노르웨이 숲을 알 것만 같았다

노르웨이 숲이 없는 고양이분양 상점
유리문 안에서 노르웨이숲 고양이가
앞발을 핥고 있었다

저물도록 아팠던 내 발등을 바람이
고양이 혀로 핥고 지나갔다

은밀한 힘

책가방을 훌렁 던지자 마루 모서리로 뛰쳐나온
몽당연필 하나, 엄마는 왜 늘 부재중일까
아카시아 향기만이 내 출출함처럼
부엌으로 향하는 길을 못 찾은 채
하얗게 고이던 마루 끝
나는 그때 혼자라는 사실이 외로움을 지키고
불안을 지키는 은밀한 힘이라는 걸 알게 되었다
혼자라는 두려움이
세월 저쪽에다 개를 키우고 도둑들을 만든 것임을
어머니는 그 이후에나
어둠을 밟으며 가난 이쪽으로 돌아오곤 했다
오월이 푸르른 건 나무들의 슬픔이 많아서야
뿌리의 슬픔이 먼 곳을 찾아냈다는 것일까
두려움은 오래 걸렸다
그때마다 물이 오른다는 것은 **뼈**를 세우는 것이었음을
먼지 날리는 길을 오래 뒹굴던 햇살이
밭은기침처럼 담장 위로 걸렸고
숭숭 뚫린 벽지의 한 귀퉁이 속으로 잠입했다
부엌을 오랫동안 배회하던 햇살 한 줌을 잡았다
그건 한순간의 두려움을 잊는 일

아카시아 향기는 여전히 내 공복을 메워 갔고
시간은 뉘엿뉘엿 어둠의 허리를 불러내고 있었다
오월이 푸르른 건 시간의 목마름이 붉었기 때문일 거야
책을 덮으며 한 올 내 유년을 펼쳐들었다
오월이 푸르른 건
엄마의 살 속 그리움을 담았기 때문일 거야

바람의 언덕

가거대교를 지나고 몽돌해변을 지나 갈곶리
이곳은 바람의 자궁
바람이 바람을 낳는 곳

바다와 몸을 섞어
파도를 뒤적이면
바다를 향해 누운 풀마다 배앓이를 한다
그 배앓이가 동백을 피웠나
붉은 꽃 한 잎, 멀리서 내 발끝을 보는데

한 걸음 걷고
한 바람 맞고
또 한 걸음 오르면
바람의 몸을 허물며 풍차가 돌고
해를 발라 먹고 자란 동백이 활활 불을 질렀다
꽃 하나 낳아볼까 내 몸도 해의 방향으로 기우는데

섬이 키운 억새와
키 작은 아이들의 머리칼과
오래 묵은 사람의 목덜미에서

노을이 자라고
외도를 건너온 바람의 형제와
젊어서 푸른 사람들이 별을 키우더라

수시로 몸을 풀어 바람을 낳는 그곳
바람의 등에서
서둘러 핀 동백을 보다가
뒤늦게 몸을 푼 내 詩를 바람이 받아냈다

찬란한 슬픔

안개를 호명했던 강의 기슭을 붙들고서
악몽 같은 꽃들의 신음을 들었던 것도
봄의 입구였다
메말랐던 가지 속 겻눈들을 솎아낸 햇살은
끝내 동정을 구하지 않았고
그럴 때마다 봄은 여전히 불우했던
낮은 곳으로 흘러야 한다고 했다
몇 줌의 달빛도 꽃을 만나지 못하면
그리움을 배울 수 없다고 했다
그럴 때마다 강은
어떤 말씀이 되기도 전 더 깊은 천형
더 고요하게 잊혀야 흐를 수 있는
침묵의 날들이 되어야 한다고도 했다
해마다 황토물이 몰려왔던 것
몇 개의 산과 계절을 깎으며
누이의 생애를 더럽혔던 것도 다 잊어야 한다고 했다
그러나 나는 그 슬픔들의 내력을 밀쳐놓고
본교 운동장을 들러야 한다
아이들이 적어 때론 민들레가 칠판에서도
피어나던 그곳

제비꽃이 노트 속에서 말라붙을 때쯤이면
기말고사가 다가오기도 하던
길가엔
여전히 귀 기울여도 들리지 않은 안개의 생애만이
아침저녁 흰빛 말씀으로 떠돌던 곳을 찾아야 한다고

그곳에 가면
오래전에 꽃들의 생애를 저장하는 물빛 그리움이 있다

봄의 흔적

겨울이 지나가는 동안 마루의 유리 속에서
건너편 숲이 깨졌다
두 번째 문짝이 민들레의 홀씨들을 품을 동안
목젖을 맴돌던
의문의 씨앗들이 드나들던 것도 그 즈음일까

무시로 지나치는 햇살이 부질없는지 지팡이 끝
노파의 손목 속에서
봄이 멈춰있는 걸 그때 나는 보았고
봄이란 유리처럼 깨지기 마련,
야구공은 마루의 깊은 어둠 속에서
먼지를 뒤집어쓴 채 졸고 있거나
딱딱하게 굳어가곤 했지만
실밥들은 뒤꼍 풀밭의 풀물이 아직도 생살 같은지
푸른 잠꼬대만 중얼거리는 한때
그 좁은 틀의 時空 속에서
노인은 오후가 되어도 지팡이를 깨우지 않고
건너편 숲도 깨우지 않는 오랜 졸음의 끝
나는 초봄 한때 먼지 속에 갇혀 지낸
야구공을 들고나와

푸른 상처가 아직도 생생히 남아 있는
실밥 속 봄의 흔적들을 지워가기 시작한다

청춘을 위한 파반느*

미열에 들뜬 먼지들, 그곳을 넘나들며
풀썩거리던 내 불온했던 경계들

엄마의 고단한 그림자가
길어지던 날이면
굶주린 내 갈비뼈 한쪽을 꺼내
반쯤 노을에 걸린 찔레꽃 속에 숨겼었지
모두가 지난날이었어
무시로 피던 풋사랑은
펄S.벅**의 대지 앞에서 무참히 금지되었고
궁핍한 관념 따윈 지난밤,
오래 씹다 붙여놓은 사소함에 불과했어
시절은 느릿하고 가난했지
그리움 하나씩 감추기에 충분하던 시절이었어
그리고는 자주 무모한 비행에 체하곤 했어
날이 선 사금파리 같던 시절
누군가는 구멍 난 주머니에서
부스럭대던 시절이었지
내 유전자의 절반은
서둘러 온 슬픔을 먹고 자랐어

누구에게도 위로가 되지 못한 춤은
엇박자가 되어
가끔은 무대를 밀어내곤 했었지
그러나 이제는 말해주겠니
잘못 들른 바람을 풀어
두 박자 느리게 느. 리. 게 춤을 춰야 한다고
다시금 깨어나는 저 신열을 매만지며
뿌리 깊은 강에 흘려줘야 한다고

* 파반느 : 느린 2박자의 춤곡으로 16세기에 꽃피었다가 18세기 이후에 거의 잊혔으나, 라벨이 〈왕녀 마가레타의 초상〉을 음악으로 그리면서 되살아났다.

** 펄S.벅 : 소설 『대지』로 노벨상을 받았음.

장마

지루한 비가 며칠째다

무쇠 솥뚜껑을 뒤집어 가스레인지에 올려놓고

빗소리 흠뻑 둘러 빈대떡 하나 부친다

타닥타닥 탁-탁 빈대떡이

노릇노릇 빗소리가 맞춤으로 익어간다

너 없이 빗소리만 지지는 장마

솥뚜껑 위에 빗소리만 지글지글 탄다

쉬이 그칠 줄 모르고 타는 빗소리

빗방울이 떨어진 자리에 또 내리는 비

움푹 처마 밑이 패였다

이 비 그치면

며칠 몸을 포개가며 패인 그 자리에

오지 않는 너를 심어야겠다

램프에 대한 몇 가지 금기

가을이 되면 초저녁 램프가 또
금단의 시간에 젖어 듭니다
회상들은 이제 단식에 들겠지요
들에서 꺾어온 낯선 이름들과
끝내 흔들림을 얻지 못해
방황을 잃어버린 한 묶음의 꽃들이
고개를 숙이고
낮 동안 모습을 감췄던 슬픔들이
램프 속으로 모여들곤 합니다
나 이제 그 램프를 밝히려 합니다
그러나 나는 조심해야 합니다
이럴 때 어둠은 중절모를 쓴 노인과도 같아서
함부로 외면하거나
푸대접해서는 안 되기 때문입니다
어디선가 가을의 아이들이
햇살 속에서 잃어버린 웃음소리가
깔깔거리며 다가오고 있습니다

편지

햇살이 오월을 훔치고 있습니다
내가 당신의 파랑새가 되지 못한
그 계절의 어느 입구에서처럼 하루는
또 서쪽으로 이동하고 있습니다
시작도 없이
끝을 말할 수 없는 그곳에서
당신은 늘
내 안의 또 다른 추신이었지요
사랑,
그것이 이별의 소인에 찍혀
먼 훗날의 지금으로 돌아오는 일은
그러나 낯섭니다
이제는 해가 뜨고 지는 것에 대해
침묵하려 합니다
내가 당신이 되는 그 먼 관습의
비밀에 대해서도
귀 기울이지 않을 겁니다
오늘도 해가 뜨고 지는 일처럼
당신이 찾아왔다 멀어집니다
그리고 나는 그 낱개의 기억들에게

여행이라도 베풀듯
또 다른 저녁을 초대하기 시작합니다

개미들이 큰일났다

언제부턴가 그것들의 행렬이 보이지 않는다
관습이란
한동안 그들을 위해 던져진
노획물이라 여기던 때가 있었다
지금은 아니다
관습들이 뿔뿔이 흩어지기 시작한 것이다
열매들이 몸을 숨길 새도 없이
당혹감에 빠졌고
자연의 일부가 비행에 빠진 것이다
구름들은 더 이상 길벗이 되지 못했고
그들의 사회를 이루던 행방마저
종적을 감춘 것이다
한때,
트랜지스터라디오 속을 빠져나오던 소리들처럼
빛나던 그 꿈들이 산산이 부서졌을,
가까운 이웃들이 하나둘 모습을 감추고
우리들의 낮게 반짝이던 주소들이
흩어지기 시작했다
뒤뚱뒤뚱 파먹힌 망각 속에서 노랗게 썩어갔고
어떤 날엔

변두리 저쪽 희미한 연기 속에서
객지의 날들 하나둘 소각되곤 했다
언제부턴가 정말이지 언제부턴가

기억의 통로

오랫동안 먼지들의 뒤안에 있던
꽃의 수사가
침침한 활자들을 헤집으며 나오고 있다
만남도 없이 이별을 뒤집어썼던
전언들이 고개를 내밀고
나는 전망하기 시작한다
겨우내 구름의 행방을 외투처럼 걸치고 있던
배란다 배수구에 귀를 묻자
한순간 환해지는 봄날 한때의 아우성들
지난봄에도
민들레가 품었을 노란 불안들이
이 안 어디에선가 불을 켠 적이 있었다
나는 숨 가빴고
아!
보이지 않은 것들이 잠입한 곳일수록 저토록 환하구나
오랜 명상에 빠졌을 것이고
봄은 슬픔보다 길었다

오랫동안 먼지들의 뒤안에 있던
침침한 기억을 헤집으며 나오는 그 느낌들을

나는 아무런 후회도 없이 받아내었고
밖엔 날개를 달지 못한 경적들이 어디론가
햇살 가로를 풀썩이며 바쁘게 달아나고 있었다

유리의 안쪽

내 안에도 길이 있어 유리 가까이 모여든 풍경들은
공복의 안쪽으로 걸음을 옮기고
창밖, 지상에 머물던
그녀의 근심들은 사라지고 말았다
가을의 중심까지 걸어갔던 잎들의 안쪽들도
그녀의 기억 속은
오전의 햇살이 뜯어내기 전엔 쉽사리 지워지지 않는다
모든 말들은
투명한 안쪽에서 허우적거릴 때 종교가 된다
어디선가 망상의 코와 밑창을 수선하던
늙은 구두공의 신음이 들렸고
그에게도 한때 자신의 비밀들을 모아주던
새벽의 이슬들은 있었다
창에서 가까운 곳이었으나
그의 청춘을 되비쳐줄 햇살들은 없었고
그녀가 살아온 곳 오랫동안
그 신의 반대편이었음이 밝혀졌을 때
풍경들은 더 이상 되비쳐지지 않았다
오후의 그림자가 늦은 햇살을 불러들이고
구두 밑창에 고였던 과거들은

더 이상 시름이 되지 않았다
도시 밖으로 빠져나온
만찬의 저편에선 활엽수들이 붉음을 내비치고
바람의 기척은 멀리 유리의 안쪽을 기웃거렸다
창밖에선 더 이상 풍경들이
이쪽의 경계를 허물지 못하고 고개를 숙인다
어둠은 창 안의 기억들을 되짚어 낸다
우두커니 한 사람이 되비친다

별과 성서

어둠이 발밑에 깔리고 내 이마의 신열이
서쪽 바람에 깨어날 때
누군가 내 늑골 속에서
편지를 쓰기 시작합니다
별들은 금단의 열매라도 훔친 듯
주르륵 어둠의 못에 박히고
지금 이 순간이 누군가 점성술을 끌어내어
전갈자리의 움직임을 살필 때인가 봅니다
언젠가 저 별의 뒤안에 내 가을의 원죄들을
숨겨놓고 온 것을 기억합니다
가을의 사랑과 짧은 문장의 이별들과
얼마 못 가 내 안으로 돌아와 붉은 소인으로 찍히던
그리움들에 대해 생각해 봅니다
뒤돌아보면 사랑이 빠져나갈 때마다
늑골이 욱신거렸던 것도 나는 기억합니다
나를 속인 그 누군가가
내 안에서 나의 가슴을 훔쳤던 것임을,
그러나 아직도 나의 가슴이 단단한 건
세상의 서풍이 남아 있기 때문일 것이며
늑골 속의 그가 아직 늙지 않은 때문일 것입니다

겨울 한 철 보이지 않는 열매들은 달콤합니다
별들이 발밑에 깔리기 시작하고
나는 조금 더 먼 곳의
추억들을 밝히기 위해 저녁의 거리로 나섭니다

선인장

부서지게 안아 봐라
아픔도 인생이다
사막을 깨우는 건 가시의 힘
그 힘으로 해가 뜨고
모래바람 속에서도 낙타가 길을 찾는다

장미를 슬픔이라고 불렀다

오늘 나는 지는 꽃, 하나를 보았다

한 여자가 기대어 울던 담장 옆에서 덜 익은 햇살 아래 떨어지는 붉은 슬픔을 보았다 슬픔은 두 번째 목울대를 넘길 때에야 비로소 눈물이 고였다

저녁은 성급하게 왔고 그녀는 새의 울음처럼 자주 깨물렸다

슬픔은 새의 울음을 따라다니며 불안해진 구름의 한 귀퉁이를 쪼아 물었다 바람의 길이 깊어지면 슬픔의 씨는 빗방울 끝에서 사선으로 무너지거나 모호해진 새벽의 불안을 움켜쥐거나 다시 돋은 희망을 숨겨두었다

가시는 담장을 벗어난 새를 놓쳤다

숨을 가진 것은 대부분 슬픔의 씨를 갖고 태어났다
자궁 밖으로 밀려날 때부터 슬픔은 이미 붉어지기 시작했다 새의 부리가 닿는 끝마디에서 담장 밖을 따라 떠돌던 속삭임은 지나친 과오였다 덜 자란 태양을 향해 아랫입술을 벌리고 잘 익은 꽃술은 달콤했다 식탁 위의 달콤한 키스처럼 그 가장

환한 마디를 접을 때 슬픔은 비로소 제 키를 줄이곤 했다

 저 붉은 울음은 그녀가 손을 내주며 따뜻하게 눈을 맞추었던 순간 밖에 머물거나 나쁜 프러포즈를 받거나 새가 떠난 등 뒤로 밤이 몰려들거나 할 때, 사랑에 실패한 모자를 눌러쓴 담장 밑에서 이별이라는 깨진 단어를 깨물거나 할 때 더욱 말랑해졌다

 담장을 타고 오르며 사랑을 늘릴 때마다 새는 뾰족한 부리를 파먹었다

 그것은 용서할 수 없는 후회, 구겨진 각이 많을수록 눈물은 커졌다 뜨거워진 꽃잎은 바삭바삭 마르다가 부서졌다 자멸은 불완전한 버짐처럼 산만하거나 불량했다 겹을 늘린 슬픔의 씨는 작은 바람에도 혓바닥이 돋았다

 저 붉은 슬픔을 다 말리지 못한 나는 오래도록 담장을 따라가며 붉은 슬픔을 똑똑 분질렀다 까치발로 담장 끝에 서서 새의 부리 끝에 매달려 있는 장미의 눈물을 털어냈다 붉은 꽃잎 하나 지는 일은 한 슬픔이 지는 일이었다 장미가 기댄 담장

밑에선 못다 이룬 사랑을 발설하지 않았다

　다시 날아온 새의 눈 맞춤은 단기 기억상실 그리고 눈물이 고이지 않는 낯선 방,
　꽃이 지자 오월의 슬픔도 끝났다
　새가 물어 간 슬픔은 내 몫이어서 공중은 꺼이꺼이 울고 있었을 것이다

3부

그해 겨울의 진술들

또 아버지의 가파른 기침 소리가 윗방으로 달려왔다
노을은 저 기침이 멎어야 밀려올 것이다
이제 몇 안 남은 미소 속에서
아버지의 노을은 얼마 남지 않았을 것이다
고드름을 올려다볼 때마다
겨울의 중력에 짓눌리곤 하는 나
달력 속을 뒤져봐도
아버지의 날짜들은 좀처럼 꺼내어지지 않았다
내 먼 나라의 혈관을 빠져나오는 두려움 속에선
소쩍새 울음이 들리곤 했다
콩나물 줄기처럼 투명해져야
나를 찾으시는 아버지
아버지, 이제 당신의 겨울은 곧 술병처럼 쓰러지고 말 거예요
그럴 때마다 어머니가 뒤꼍 굴뚝 너머로 피워올리던
근심들은 다 어느 숲으로 숨어든 걸까
1977년, 그해 겨울
나의 유년은 그 집 윗목에 있었고
아! 바람을 열 때마다 하얗게 쏟아지던
공중 저쪽의 흰 눈들

빗소리

몸만 늘어지는 날
어깨가 기울어지고 초점 잃은 눈이
레오나르도의 기법 같은 날
일기장 위론 개미 한 마리 가로지르지 않는 날
내 권태를 비춰주는 건 천둥소리밖에 없다고 느끼자
비는 하나의 짐승 같았다
분명 짐승이었다
컴컴한.
한낮에도 내심을 보이지 않던 비에게
오래전 나는 삼켜진 적이 있었다
팝송은 느리게 흘렀고
인연이란 바늘의 맨 끄트머리에서
울부짖는 노래 같은 것
그는 그렇게 내게로 왔었다
젖는다는 건 비가 아니라 인연일 때가 많다
그도 그렇게 젖었었고 때로,
퉁겨진다는 건
좀 더 안쪽으로 깊어지는 일 모든 추억은
바늘의 맨 끝으로 몰려온 팝송 같았다

그리고 나는 햇살이 모이기 전까지
그 오래된 팝송을 창밖에 받아내야 했다

호접몽

내가 꿈꾼 건 어쩌면 나비가 아니라
꿈의 행방이었을 것이다
꿈은 자주 제 야광 같은 무게가 궁금할 때마다
나비를 입는다
어디에선가 고전의 거처를 빠져나와
나비 한 마리 꿈을 너울거린다
아니다
내가 인식한 나비는 단지 그 최후의 무중력이
나비였을 거란 얘기일 뿐
장자의 분신을 얘기하는 것이 아니다
세상의 어떤 분신이 나비를 입지 않고 장자를 입겠는가
그리고 나는 이미 어디 한군데 돌이킬 수 없는 꿈이다
아니, 꿈으로도 돌이킬 수 없는
구중심처의 무중력이다
그리고 나는 아무도 알아들을 수 없는 행방이라도 찾듯
너울너울 꿈의 바깥을 뒤적인다

봄날은 간다

올봄에도 팥배나무 몇 줌의 꽃잎은
잊힌 날들 속으로 떠나고 그 뒤를 따라나서는
초등학교의 정적만이 눈부신 한때
잠이 덜 깬 창밖으로 건조한 그녀의 일상이
훅, 지나쳤다
그녀는 오랫동안 고립의 뒤안에서
세월의 고샅길을 내며 살았다
습관의 굽이 낮아지는 사이
주름들이 몰려왔고 굽은 망각이 몰려왔다
한때 그녀의 희망을 실어 나르던 눈동자는
다 어디로 사라졌을까
그렇다면 지금 저 화석 같은 움직임은
어떤 세월의 굽은 모퉁이란 말인가
나이 든 그녀가
재활용될 수 없는 세월의 행방을 이끌고서
굽은 하루를 삐걱, 옮기고 있었고
곁엔 팥배나무 한 그루 또 다른 망각을 피우려는지
줄기의 맨 끝으로 지친 봄을 옮기고 있었다

모든 죽음은 나무들의 구석을 지향한다

나뭇결의 박제된 무늬 한구석에
중년의 사내가 쓰러져 있다
숲은 유리창 너머에서도 너무 먼 풍경이어서 그랬을까
그러고 보면 그의 생애는 옹이 같은 것이었는지도 모른다
심장 속을 찾아들었어야 할 수런거림은
끝내 계절 밖에서 겉도는 갈증에 불과했고
지금 이곳에 그 사내 하나
박제된 나뭇결의 입구를 붙들고 쓰러진 것이다
길들이란 때로
머물지 말아야 할 곳에서 가끔씩 술렁인다
인생이 목젖의 한끝에 모여든 듯
좀처럼 내뱉어지지 않는 식도의 입구에서
낡은 어깨만이 들썩일 뿐
도무지 흩어지지 않는 삶의 최후
그는 오랫동안 폭력을 소비하며 이곳에 이르렀다
몸의 모서리들은 옹이처럼 단단했으며
그가 취급한 장미꽃들은 대부분
여름이 지나기 전 깨진 유리처럼 소홀해졌다
90도의 법칙과 조직의 쓴맛
그러나 어머니만은 자신의 논리로부터 소외되는 사이

세월은 손을 놓을 틈도 없이 흘렀고
완강한 법칙일수록 겨울이 되면 더 오랜 눈물을 지불해야 하는 법
더 낮게 바라봐야 보일 어머니,
심장 속의 기억들이 단단하게 식는 것을 느껴야 했다
더 단단한 죽음
그 속에 더 허망한 그리움을 가둬야 하는 무모한 법칙
나뭇결의 박제된 무늬 한구석
어둡고 침침한 세월 속에서 지금 한 사내가 쓰러져 있다

마닐라엔 휴일이 없다

마닐라엔 연못이 없다
공항 밖으로 뛰어드는 열대성 저혈압들
나는 그곳으로 걸어오는 사막의 상상들만
쪼그려 앉아 기다리고
이럴 때 마닐라 공항의 소음들은
선인장에 찔린 도마뱀 같다
계절풍은 여전히 지열을 당기며
오후를 동그랗게 말아 올려서는
허공 한켠을 소나비로 적시고
아이들은 길의 안쪽으로 걸어 들어와
하루치의 공복을 몇 페소 원화로 바꿔 가는 한 때
나는 내 안의 여독이 낯선 오후를 낳고
물컹한 저품에 버려지는 것을
물끄러미 짚어보며 남방의 별자리들을 헤아려 본다

마닐라엔 휴일이 없다
지열을 삼킨 트라이시클*이
말라테 성당**의 미사를 훔치고
아스피린 하나를 복용한 채
사계의 계절풍을 가라앉히는 3월의 마닐라는

낯선 이국의 가슴들이 제 스콜에 스친다

* 트라이시클 : 필리핀 교통수단의 하나로서 이륜 자전거 형태.

** 말라테 성당 : 마닐라 말라테 18세기 중후반에 아우구스틴 수도사에 의해 건축되었다. 수수한 인테리어 속에 스페인-이슬람 양식의 난간 기둥과 멕시코-바로크 양식 기둥 건축으로 유명하다.

숨

바람이 낮게 엎드린 숲은 고요하다
숲의 고요는 적막하다
적막한 숲은 바람의 허리춤에서
하늘의 눈을 키웠다
겨우내 숲의 나무들은
낮은 숨을 땅에 묻고
뿌리의 방향을 따라간다
사방에서 모였던 숨들이
체온을 모아
하늘의 눈을 부려 놓는다
눈이 내린다
헐벗은 나무들이
빈 가지를 깨워 가로눕는다
바람의 길을 따르던 것들이
숨의 기억을 따라간다
나무의 기억은 초록을 만들고
숲에 머물던 새는
몸을 풀어
쓸쓸했던 밤의 사연을 덮는다
내 헐거워진 밤은

쓸쓸한 정류장과 같아서 수시로
바람의 헛기침 밖으로 밀려나곤 했다
눈이 내린다
숲의 새들이 바람의 경전을 풀어
찬 것들의 숨을 깨운다
정류장 모퉁이 버려진 새의 울음이 숲으로 간다

커피 이야기

갈대들의 저 이름 모를 흔들림 속에도
시계가 있는 것일까
노을이 찾아들자
한순간 태어나는 공복의 붉은 바람들
그렇다면 내 거실 속의 시계를 훔치고 있던 것도
저들이었단 말인가
날마다 상념의 모퉁이를 깨워주고
지워진 책장을 넘길 때마다
깨어나는 구름의 이야기들과
더는 떠올리지 못할 거리의 낙엽들과
킬리만자로의 만찬들과
에티오피아로 달려갔던 상인들이
밤새 피워 올리던 마법들과
저물녘 파도를 훔치던 노을들과
홀연해진 서풍들
그 속에서 한 여자의 사랑을 저주했던 이야기들
노을이 져도 돌아오지 않는 상인들과
한 스푼의 설탕으로는 잠재울 수 없는
킬리만자로의 금기들
심플하게 저어야만 당길 수 있는 지평선의 계절들

한때 고양이 발소리가 나는 커피를 찾아 헤맨 적 있었다

나는 가끔 킬리만자로에 간다
몇 모금 카페인에 깨어난 창밖 갈대숲의
붉은 시간들을 넘겨다보며
언젠가 강이었던 날들의 희미한 발소리를 듣는다

4월의 침묵

봄을 잃어버렸다
봄의 가장자리까지 걸어들어온 눈발 사이로
산수유는 노란 슬픔을 묻어버리고
수시로 겨울의 안쪽까지 드나들었다
염화칼슘을 거처로 삼았던 꽃봉오리가
오래지 않아 황사 속으로 사라져 갔다
내 유년의 초등학교는
강가에서 그리 멀지 않는 곳
학급이 작아 고작 두 개의 반으로
서로를 확인했고
제비꽃이 노트 속 돼지꼬리가 되어
기말고사의 한 페이지가 되기도 했다
강가엔 여전히 말씀으로 흐려지던 개나리가
낮은 곳의 신음을 불러내고
슬픔보가 먼저 사월을 붙들곤 했다
꽃이 피었다
흰 것만을 고집하던 흰 사연들이 지천으로 피었다
엄마의 치맛자락을 훔치던 햇살의 모퉁이
어느 쯤을 돌아 나오면
나의 오후는 고작 배고픔을 성경처럼 끼고 다녔다

말씀은 때론 달콤했고
때론 어디에도 닿지 못할 노을이 되곤 했다
하모니의 영화를 보면서 다시금 찔레꽃
그 아련한 기억을 불러왔다
엄마의 노을은 흰 꽃의 사연으로 다시 피어난 것일까
저녁은 쉽게 찾아들지 않는 손님처럼
늘 어려웠고,
붉은 그림자를 가끔 뱉어내곤 했다

진달래꽃

산비탈에 꽃이 피었다
바위틈에 위태롭게
네 몸에서 피던
그 꽃 피었다

시절은 가난했다
의붓아비가 고단한 삶을
술독에 빠뜨리던 날은
네 몸에 서러운 꽃이 자랐다

그 몸에 자라던 멍울이
봄이라고 피었다
들로 산으로 떠돌던 몸이
산비탈에 울긋불긋 피었다

지난 세월 저 멍든 꽃 달래느라
용서란 말 차마 못 하겠다
귀를 열던 아비의 죽음 앞에서
밑 빠진 술만 한없이 마시던 너는
저 진달래보다 더 붉었다

〈
아파하지 마라
아파하지 마라
그 봄에 피우던 꽃이 아니란다
그 봄을 피우던 꽃이 아니란다

찔레꽃

오후를 따라갔던 그림자는 그러나 돌아오지 않았다

사월 하순, 낮잠을 빠져나오면
세상의 길들은 마을 밖 과수원으로 몰려들었고
왜일까 걸음을 내디딜 때마다 나보다 훨씬 멀어지던
저녁의 그림자와 몇 줌의 노을들
창백함이란
아침의 아버지가 남기고 떠난 힘센 말들이
오후의 헛간 속에서 낡은 농기구가 되어 발견되는 것
그러나 나는 기억한다
세상의 모든 의미들은 날이 저물기 전
찔레꽃을 들러야 하며
먼지 낀 사진들 그 빛바램의 밝은 안쪽을 떠도는 것들도
노을에 찔린 듯 그곳을 서성여야 한다는,
그날 어머니는 채소 몇 단 팔고 남은 광주리에
슬픔 몇 송이 꺾어왔고
그해에도 봄은 그렇게 시들었으리라

아주 오래전 오후를 따라갔던 그림자들이 있었다
저녁의 아버지는

그 많던 노을들을 퍼마셨는지 붉은 술 내음이 났고
저녁의 안부들은 누가 먼저랄 것도 없이
찔레꽃 흰 침묵으로 봄을 삼키곤 또 뱉어내곤 했다

탁발

그러하였더라.
파도는 파도대로 길을 떠나고 절은 절대로 붉은 화두에 걸려
식음을 거르는 오후
동백꽃 핏빛은 그러하였더라
떠나는 길은 탁발의 길
어린 동자 하나 기억을 파르라니 밀어낼수록
가슴속으로 몰려드는 붉음을 견디지 못해
땅 위에 가만가만 그려보는 이름 모를 그리움
그러하였더라
하물며 어떤 울음이 목젖을 울리는
저녁노을만 할 것이며 화두의 한 귀퉁이를 허물어
저잣거리 백열등 아래로 흩어지는 부처를 찾아낼 것인가
화두의 한 귀퉁이는 식음을 전폐했고
핏빛 동백의 호흡으로 연명하는 일
그럴 때마다 메마른 바람의 걸음처럼 절룩이기도 했으며
온몸이 되지 못한 채 부서지곤 했다
등에 멘 독경이 붉어지는 건 동백의 계절이 깊고
그리움이 길을 삼켜버렸기 때문인가
그러나 나는 매번 그 길의 끝에 서 있었다
그럴 때마다 겨울은

먼 산모퉁이 끝에서 붉은 노을을 끌어왔고,
그게 동백이었을까
탁발을 한다
4월의 잔인함 들과 강을 가로질러 모퉁이 끝의 신열들을 얻는다
그게 탁발이었을까
등줄기로 부어진 죽비소리 속에서 먼 옛날의 동백들을 짚어본다

봄의 말을 옮겨 놓다

하늘이 닿는 자리로 강이 흐른다

사월이 왔고 그리움이 깨어났다
목련들이 제 이름을 하나씩 피워냈다
바람의 발목에 걸렸던 민들레가
노란 말들을 던져주었지만
누구도 흔들리지 않았다
그때마다 강은 푸릇한 고민에 빠졌고
나는 회상의 속도로 강의 둑길만 걸었다
지난겨울 제 몸의 거처를 떠나간 동백 몇은
어디에서 노을이 되었을까
그렇게 사월이 왔고
햇살이 메마른 오후엔
어떤 물결도 그리움을 서두르지 않았다

하류에서

내가 강을 강이라고 부르자
과거들은 폭포가 되기 시작했다
그리고 지난여름들은
이미 토목공사가 머물던 저 위
또 다른 날들 속에서 떠내려왔다
모든 강은 바다가 되는 곳에서
폭포처럼 쏟아진다
오랜 시간 미지근한 입맛 속에서 살아온
소금들의 낮은 날들 속으로 뛰어내리는,
갈대가 허리를 낮추고 있었다
비워지는 모든 것들은 여름의 비망록을
저처럼 마른 허리로 노래를 부르고 있는 것을
외딴 가슴으로 바라보는 일
아니었구나
강은 내가 강을 강이라고 부르기 전부터
바다를 꿈꾸었구나
스스로 낮은 가장자리 물살에 밀쳐두었던
산란의 깊음까지도
때론 바다에 옮겨 놓아야 할
폭포 같은 절망인 것을

접속

비가 그친 저녁의 강가를 걸었다
바람을 안고
버드나무가 제 머리를 흔들며
어둠이 흘러가는 강으로
늦은 저녁을 털어내고 있었다

북한강과 남한강
두 물이 흘러와서 몸을 섞고
체위를 바꿔가며 한강으로 흘러갔다

저를 버리고 거리낌 없이 섞이는
저, 말랑한 접속

어둠을 접는 새의 울음소리가
등을 보이며 너를 보냈던
그날의 울음소리 같아서
나의 아침은 쉽게 오지 않을 것만 같고

초승달이 깜빡이며 강물 위를 건너가고
두려움을 떨치며 늦게 따라나선

외톨이 샛별 하나
조심조심 강을 건너갔다

어두울수록 더 빛나는 것들의
저 환한 몸짓

제 몸을 키워가는 이 어둠이 지나면
더 먼 곳을 가기 위해 새들은
허공을 쪼아가며 바람의 깊이를 재어보겠지

우리는 서로가 서로를 모르고 있었다

강물 위를 걷는 새벽바람을 따라
어두운 밤을 던지며
혼자인 것들이 공중의 길로 흩어졌다

4부

파리 날다

겨울 그 깊은 침묵 속에서도
살아 있는 것들은 가끔 어딘가에 앉는다
아니 오래전의 그 자리를
끝끝내 지켜왔을 것이다
나의 하루도 저 파리처럼
천정에서 바닥으로 날개를 옮기는 일조차 버겁다
그건 단지 나의 게으름과
오후가 무겁기 때문일 것이고
나는 가끔씩 겨울 파리에게 사로잡히곤 한다
달력 속 불안한 겨울 날짜들 들썩이기 시작하고
전화의 버튼들, 심지어 오후의
약속까지 파리의 횡포에 은신처가 된다
지독한 편력들이다
투명한 아이러니다.
때론 온몸의 공복을 모아 권태의
한쪽을 비벼대기도 하는
에프킬라를 꺼내어
무겁게 가라앉은 겨울의 딜레마를
희뿌연 안개로 실종시킨다.

저주받은 동행

간밤의 수면제가 정오의 태양을 불러들이느라
뒤늦은 하품을 하고
나는 하루에 몇 번째 끼니인지도 모르는 공복을
목젖 근처에 모아들이며 식사를 한다
그 속에서 대문가의 개가 바깥 도둑을 오인한 채
안으로 짖은 건 얼마 전이었고
그렇다면 내가 지난밤 삼킨 잠은
미처 휴식의 정량을 다 소화하지 못했단 말인가
아직도 몸 저쪽에서 들려오는 몇 알의 충고들
한순간 전화가 울렸고
나는 내가 받아야 할지
몸속 저쪽의 충고들이 받아야 할지를 고민하면서
핸드폰과 하품 속을 머뭇거린다
수면제가 끼어든 건 언제부터였을까
타협은 달콤했다
불면의 충혈과 몇 개의 새벽녘 악몽이 그 대가였으므로
오전은 빠르게 왔고

그러나 그게 전부였다
〈

내 삶의 한 켠이 차츰 알약들의 반경 속에서
태양을 스치는 사이
그녀와 친구들 몇은 하품 저쪽으로 떠밀려 갔고
밤마다 장복하던 별들의 이야기는 금단의 시간 저쪽에서
일기예보처럼 씻겨나가는 날들이 많아졌을
모든 게 알약들을 방심한 불면 때문이었으며
심야의 검색들이 나를 외면한 때문이었다
불면을 방심한 내 한밤중의 습관 때문이었으며
이튿날이 되어서야 뜬눈의 무게로 저울질 되는
내 무기력의 관습 때문이었다
알약을 삼킨다
밤의 지름길을 삼킨다
그러나 채워지지 않는 잠의 분량,
몇 알 무기력해진 한낮의 습관을 삼킨다
급기야는 몇 알 무기력 해진 한낮의 졸음을 삼킨다

청등도

팽목항에서 배를 타고 섬과 섬을
건너 두어 시간 남짓 가다 보면
푸른 미역의 섬 청등도가 있다

산달이 가까운 바다를 앞세우고
새벽이면 자욱한 안개가
손짓으로 길을 내어주는 곳

해도 일찍 잠자리를 찾아드는
그 섬엔
밀려왔다 밀려가며
서로 몸을 토닥여 주는
남자봉우리와 여자봉우리가 있다

파도의 걸음을 늦추며
쓸쓸한 몸을 뒤적이다가

달 띄운 잔을 부딪치며
살아서 서러운 날들
보글보글 끓여내면

〈
백사장 가득
참았던 눈물처럼
은전 같은 별빛들이 쏟아져 내리는

그곳에 가면
엄마의 하얀 젖무덤같이
태초의 것으로 다시 일어설 것만 같은
푸른 바다의 힘이 울타리마다 쌓여 있다

퇴촌에서

강물에 발을 담근 버드나무가 물 위로 몸을 기울였다

가지가 물살을 움켜잡으려는 듯 수면까지 팔을 뻗었다

어쩌면 가지는 물살이 아니라

강물에 비춘 자기의 몸을 만지려는 것인지도 모른다

가지마다 새가 와서 아름답게 울어주던 날들의 몸을

몸에 와서 깃을 가다듬고 잠든 바람과

잎사귀에 내려와 빛나던 별 부스러기를 만지려는 것이다

아니다

자신의 그림자 너머에 있는 구름일지도 모르겠다

한 번도 가지에 걸려보지 않은 구름
〈

한 번도 잡아보지 못한 구름을 만지려는 것인지도 모른다

불 꺼진 집으로 혼자 돌아오면서

어쩌면 구름은 내 몸에 한 번도 머문 적이 없는

당신일지도 모른다는 생각을 해 본다

화이트 크리스마스

밤이 되면서 길 한 켠의 여자 하나
뒤늦은 화이트 크리스마스를 하얗게 내뱉고 있다
목젖을 타고 나오는 흰 입자들의 과거를
아무런 두려움 없이 찬바람 저쪽으로 날려 보낸다
순간, 거리 저쪽의 자선냄비가
쉽사리 데워지지 않을 복음의 낱장들을
찬바람에 엎지르고
이미 지나간 축제라도 되는 듯
가까운 곳의 사내 하나
몇 모금의 기침을 독백처럼 뱉곤 연말 쪽으로 사라진다
하얀 침묵만이 허름한 점포의 캐럴을 붙드는 동안
나는 말이 없고
왜일까
세상은 축제를 포기할 때 또 다른 축제에 종용당하는 이유는,
그러나 나는 안다
화이트 크리스마스는 눈에 덮인 크리스마스가 아니라
표백된 날들의 절망인 것을…
몇 겹의 추위가 낸 어둠 한구석에서 초저녁의 여자 하나
몸속 화이트 크리스마스를 다 꺼냈는지
또 다른 거리로 천천히 사라지기 시작했고
어두운 허공에선 키 작은 흰 눈이 캐럴을 머금고 있다

별의 꽃[*]

꽃이 되려다 별이 된 적이 있다

내 가을의 절반은 기다림이었다

버스는 느려지고 맨 뒷좌석의 행방이 검은 연기 몇 모금에 잊힐 때 혹은 누군가의 볼우물 같은 햇살의 바깥 벤치가 더 이상의 내심을 보여주지 않을 때
　나는 가을 열매보다 작은, 그리움이라는 말에 체하고 만다

성서를 삼킬 때마다 묻어나는 저 붉은 꽃들의 몸짓

별이 되려다 꽃으로 멈춘 사연 하나 있다

햇살이 다가오면 툭툭 터지며 가을의 가장자리까지 멀어지던 바로 그런 꽃 하나 있다

* 별의 꽃 : 유홍초.

엉겅퀴

엉겅퀴는 바람을 말하지 않는다
태양 하나
저녁의 안식을 찾아내기 위해
단순한 은유로 타들어 가는 한 때
그날도 누이의 책가방은 풀숲에 누운 채
누군가가 전해준 편지 한 장 꺼내지도
담아두지도 못한 채
느린 햇살만 더듬었을 것이고
시간이 흐르면 그리움은
엉겅퀴에게로 돌아가는 것일까
엉겅퀴는 그리움의 첩자다
어떤 태양이 엉겅퀴 없이
꽃들의 심장을 찾아낼 것인가
뒷산 뻐꾸기 울음이
그날 빛바랜 들녘엔
몇 방울도 못 되 말라붙은 오후
자주색 가방을 빠져나온 소녀 하나와
몇 줌 바람에도 날아갈 듯한 편지가 있었고
그 흔들림의 끝엔
엉겅퀴만이 노을의 한끝을 잡고 있었다

봉합이 덜된 이야기

그곳에선 누구도 자유로울 수 없다

구름들은 함부로 걸어 들어와
몇 개의 발자국을 삼키곤 했고,
바람들은 낮은 중심을 껴안기라도 하듯
입술 끝으로 모여들었다
그녀가 긴장을 더듬던 사이
개미 주위를 맴돌던 새들은
침묵을 쪼아대며
공중의 은밀한 높이를 유지했다
한 노인은 공중의 그 음험한 장소를
저주에 갇힌 무대라고 칭하곤 했다
독설들이 여름 한때 태양의 계시를
열매로 바꾸는 것은
그 아래 낡은 나무들의 특권이었다
무대는 가끔씩 깊고 고요했다
그럴 때마다 식욕을 잃은 한 사내의 푸념은
그릇들을 가볍게 망가뜨렸고
서풍은 세상의 저녁이 그때이기라도 하듯 설쳐지던,
그곳에선 누구도 자유를 말할 수 없다

탈고 안 될 전설

기와들은 백중날까지 식음을 전폐한다
햇살이란 햇살은 모두 다
칠석의 밤을 들렀다가
실명으로 돌아온 듯한 8월 오후
거센 빗방울 소리를 받아내던
기와의 허리가 흘러내리고
몇 개의 헝클어진 전선들이
낭패감을 불러들이기도 하는
그 집의 과거는 우기와의 싸움이었다
낱개의 무게들,
여름에 접어들면
비 맞은 중처럼 들썩거렸고
그 중 한둘은 오래전의 태풍을
잊지 못하는 듯
몹시 일그러지곤 했으므로
모든 우기는
강아지풀을 불러들이기 위한
리허설에 불과했다
가끔씩 눅눅한 밤이면
도깨비들이 실비에 콩 볶아 먹듯

들썩거리기도 하던
이튿날엔 그 집의 셋째 딸부터
밤새 읽은 악몽들을
오전 햇살에 말리곤 했다

귀거래사

그렇다면 열매를 삼켰던 것도 꽃들을 훔쳤던 일일까
환상은 햇살에 노출될 때 급격히 시든다
어느 봄날인가
사각의 못을 박고 있는 한 노인을 본 적이 있다
그 노인은
황토물이 지워져야 강을 건널 수 있다고 했지만
죽음이란 갈대숲에 숨어야 제격
여름은 길었고 구름들은 사나웠다
어떤 구름은 노을 이후에 태어났는지
밤이 되어서야 비로 바뀌었고
그런 밤을 보내다 보면
꽃의 과거 또한 장담할 수는 없는 일
누군가는 열매라고 했고
누군가는 꽃들의 이주민이라고 했다
꽃도 오래되면 인습의 가장 그늘진 곳에서
슬픔과 마주치는 법
누군가 부주의하게 켜놓은 유자 빛 창 속에서
여자는
자신의 몸이 얼마나 후미진 열매인지를 알게 된 듯
찻잔 속에나 담길 듯한 울음을 삼켰고

나 지금 그 이야기들을 다시 끓이려 한다
추억의 모퉁이를 헤매다
아주 작게 주저앉은 물들을 깨워
그 여자의 생애를 음미하려 한다
겨울 지나 봄이 되면 다 잊히고 말 월동의 이야기 같은,
유자 내음을 맡았는지
마루 너머 간 유리가 가볍게 흔들리고 있다

붉은 벽돌들의 모퉁이를 돌다

이를테면, 나는 생각하지
그 집 안의 휴식이
하루종일 얼마나 낯선 사내를
집 밖에 세워놓거나
저녁의 어둠들을 이끌고
돌아오게 하는지
이제 식물이 다 되었을 한 여자와
장미의 계절이 돌아올 때마다
그 집 안의 휴식이
얼마나 많은 구름들을 훔치기 위해
침거의 깊은 안쪽에
물 먹는 하마를 사육했는지
그리고 늘 세상은 그 집 속에서
붉은 장미 몇 송이에도
얼마나 많은 벽돌들을
저녁의 노을 속으로 실종시키는지
붉은 벽돌의 날들은 음습하다
잠깐의 대화를 동행하다가
무심코 모퉁이 저쪽으로 사라지는
저녁의 사람들도 낯설다

그리고 나는 아직 벽돌들이
낱개의 침묵으로 되돌아오기 전
오후 일곱 시의 붉은 모퉁이를 빠르게 지나친다

봄을 팔아요

살랑이는 바람 한 두어 근 살짝 묻혔어요

거실의 주름은 지웠고요
거울 속 잘 보이지 않던 기미들의 틈이
바깥 베란다를 열고 있어요
잠자던 먼지도 털어냈어요
집 없는 개가 분실한 배설물들이
내 외출 저쪽에서 피어나고 있어요
꽃들은 이미 누군가의 혀에서
뛰쳐나온 지 오래지요
겨우내 바람의 낮고 후미진 구석에
일그러져 있던 풍선이
봄바람을 휘어잡고요
허영이라고 돌려세웠던
지난날들의 잘못이 다시 그리워지기 시작하는군요
공설운동장으로 가는 길과
도서관으로 향하는 언덕길이
노랗게 얼룩지는 것마저
오늘 하루만은 저물지 못할 것 같아요

그렇게 누군가에겐 떨이였을
봄 한 무더기 팔고 왔어요

강변포장마차

비를 받아내며 강변 포장마차가 불을 켰다
비를 털어내며 나는
포장마차에 앉아
빈속으로 소주 한 잔을 털었다
조개를 넣고 끓인 국물 속에서
짜고 비릿한 노역이 한소끔이다

돌아앉은 등으로 흠칫,
몸서리치도록 사월을 앓았는지
주인 할매는
몸에 달라붙은 아카시아 향기를
툭툭 털어 잔을 채웠다

건조한 안부를 물으며 젖은 몸으로 오가는 사람들
바람은 이럴 때
찔레꽃 흰 사연을 풀어내고 있었을까
납작 엎드린 저녁이 빈 의자를 끌어모으는 동안
빗방울이 저녁 포장마차에 떨어졌다

오월의 안주머니에 꽂힌 채

구름의 울음을 묵인하며 나는 잔을 털었다

비는 더 세차게 내리고
빈 의자는 혼자 중얼거리고 있었다

어디에도 없는 당신을 기억하며
불이 막 켜진 포장마차에서 소주 한 잔을 마셨다

목적지를 놓친 버스가 몇 번이나 나를 지나갔다

만추晩秋

오후가 되자 바람의 눈물이 붉어졌다

산수유가 향리 마을 안까지 붉게 물들이면
늙은 아비 붕어를 살찌우는 저수지*에
추읍산이 몸을 털어 가을을 내려놓았다

후박나무 아래
새털구름이 말갛게 참선에 들고
낚시하러 다녀간 사람들이 놓고 갔는지
번뇌를 닦아내는 갈대숲이 소란스럽다

너무 늦게 삼킨 사랑이었을까
바람은 물의 속살에
제 울음을 길게 그어놓고
한 줌 햇살을 덧대어도 어둠은 금방 출렁거렸다

탑돌이 하듯 나는 두 손을 모으고
세상에서 가장 뜨거운 바람처럼
허물어진 둑길을 다독이며 오래 걸었다
〈

별들이 어둠에서 눈 뜨는 시간
젖은 신발을 벗어 놓고 이제,
쓸쓸해진 당신을
가만히 끌어안고 싶은 그런 저녁이 왔다

* 추읍산 향리 저수지 : 경기도 양평군 개군면 향리에 있는 저수지.

풍경風磬

팔당호를 마당으로 들인 정암산이 감싸 안아
물안개를 피워 올리는 귀여리에 갔다

벚나무 꽃길을 지나 야트막한 산비탈을 오르니
일주문 없이 덥석 반겨주는 명성암

절 마당 귀퉁이에서 졸고 있던 백구는 짖지도 않고
밥그릇 쓰윽 한번 쳐다보고는 다시 눈을 감았다

젖먹이 새끼들은 모두 출가했는지
늘어진 젖꼭지가 늦은 봄 햇살에 검게 익었다

밑천처럼 작은 저 먹포도 몇 알이
백구의 가지런한 불성일 것이다

대웅전 계단을 오르니 꽃잎 하나
댓돌 위 하얀 고무신 안에서 붉었다

지는 꽃잎도 열반에 드는지
스님의 신발이나 한번 신어보고 가는 게지

〈
오라비 손바닥만 한 한 줌의 햇살이
절하는 내 등을 쓸어내리며

몸을 누이러 강으로 갔다

강에 해가 눕자
뎅그렁 뎅그렁-뎅
정암산 허공을 깨뜨리며 물고기가 돌아왔다

■□ 해설

슬픔을 변주하는 사물들

공광규(시인)

1.

한승희의 시를 읽어 가면서 우리 시의 기원이 슬픔이라는 것을 발견하게 되었다. 우리 시문학사의 처음인 고조선 때 여옥이 지은 「공후인」이 그렇고, 기원전 18년에 지은 고구려 유리왕의 「황조가」가 그렇다. 어떤 방식으로든 떠나간 사람이나 흘러간 세월, 그리고 지난 상처를 회고하는 시들은 거의가 슬픔이라고 보면 된다.

이 슬픔은 사람이나 시간에 대한 상실감과 상처의 기억에서 온다. 시인은 자신의 상실감과 상처를 극복하기 위해 문장을 통해 자신을 고백하는 것이며, 고백은 곧 시가 된다. 시가 고백의 양식인 이유다. 따라서 한승희 시집 원고를 읽어 가는 동안 내내 평범한 인간이 가지고 있는 절대 슬픔의 근원을 생각하게 되었다.

그러면 시인의 시에서 읽히는 슬픔의 근원은 무엇일까? 아마 시인의 시편들에서 만나는 의미요소들인 "너 없이" 부치는 빈대떡(「장마」), "당신의 파랑새가 되지 못한" 나(「편지」) 등 상대의 부재와 자신의 부족함, 산산이 부서진 빛나던 꿈(「개미들이 큰 일 났다」)에서 오는 상실감, 가시로 사막을 깨우는 아픔(「선인장」)으로 형상된 인간이 가지고 있는 절대적 고통들의 합일 것이다.

2.

시인의 시가 슬픔을 자주 언급한다고 해서 시인의 삶이 슬픈 것은 아니다. 인간에게 절대 고독이 있듯 절대 슬픔이라는 것이 있다. 고독과 슬픔은 인간 체내에 내재된 심리적 원형질일지도 모른다. 공교롭게도 한승희는 시에서 "숨을 가진 대부분 슬픔의 씨를 갖고 태어났다"(「장미를 슬픔이라고 불렀다」)고 인간이 가지고 있는 절대 슬픔을 정의한다.

그리고 한승희는 시에서 새를 빈번하게 언급하는데, 새는 인간이 가진 '절대 슬픔'을 물어 나르는 상징체로 작동한다. 그의 시에 새가 출현하는 시는 「장미를 슬픔이라고 불렀다」 「숨」 「그곳에 카페가 있었다」 「새를 접으며」 「무수리 일기」 「꽃을 피우려고 나무는」 「가끔씩 나무는 새를 낳는다」 「퇴촌에서」 「접속」 등 상당수다.

  이들 시편에서 시인의 슬픔에 대한 사유와 기록은 '슬픔을 버리는 시작점'이고, '시를 구성하는 시작점'일 뿐이다. 시인이 자아의 슬픔을 감각하고 기록하는 동안 슬픔은 해소된다. 슬픔은 자아로부터 떨어져 나간다. 그래서 시를 쓰는 사람은 아무리 슬픔의 지경에 이를지언정 슬픔에서 벗어나온 자아의 상인 아름다운 시를 낳는 것이다.

    7번 국도를 지나다 들렀던 카페였다
    커피 향이 문밖을 나와
    내리는 눈을 마중하고 있었다

    나무로 짠 선반에
    버번이나 포도주가 오래된 손님처럼 묵혀 있고
    산山 빛을 들이던 계곡 창에서
    펑펑 눈이 내리고 있었다

〈

테라스에서 보이는 산에는

나무의 모양대로 눈이 쌓여 있고

개울을 덮은 얼음이 눈부신 햇살을 쏘아 올리고 있었다

커피를 마시다가 눈이 더 쌓이면

그 길에 갇혀서

몇 날이고 더 머물며

눈처럼 맑은 사람 하나 만나고 싶었다

반짝이는 그 사람과 눈 시린 허공의 길을 따라

새들이 찍어 놓은 발자국을 끝도 없이 밟고 싶었다

7번 국도를 지나던 길이었다

눈의 풍경처럼 앉아 있었던 그 카페

덜컹, 눈보라 치는 문밖으로 가야 할 길이 보였다

− 「그곳에 카페가 있었다」 전문

허공을 나는 새는 발자국이나 자취를 남기지 않는다. 그러나 새는 지상이나 나뭇가지를 박차고 비상하는 존재다. 어떤 이별로부터 오는 슬픔으로부터 멀어지기 위해 새들이 허공에 찍어 놓은 발자국을 끝도 없이 밟고 싶거나 종이로 접어 날려버리고 싶지만 슬픔은 멀리 가지 못한다.

 눈에 덮인 겨울 카페와 주변의 정경에 대한 묘사가 일품인 「그곳에 카페가 있었다」는 과거형이고 회고형이다. 상실한 과거는 슬픔을 낳는다. 화자가 과거에 들렀던, 7번 국도변에 있었던, 내리는 눈을 커피향이 맞이하고 있던 카페였다. 오래전 카페를 다녀간 사람들이 남긴 묵은 술들이 나무선반에 있는, 눈이 펑펑 내리는 겨울 "산山빛을 들이던 계곡"의 창이 있는 카페였다.

 이 카페에서 화자를 통해 시인이 보여주는 심상을 밝고 맑다. 화자는 개울을 덮은 얼음이 눈부신 햇살을 쏘아 올리던 그곳에서 커피를 마시다가, 쌓인 눈에 갇혀 머물다가 "눈처럼 맑은 사람 하나를 만나고 싶"었다고 한다. 반짝이는 사람과 눈 시린 허공의 길을 따라 "새들이 찍어 놓은 발자국"을 끝없이 밟고 싶었다고 한다.

 그러나 새들이 찍어 놓은 발자국을 밟지 못한, 실현되지 못한 소망은 '절대 슬픔'의 근원이 된다. 과거의 그 카페에 가기 위해 길을 나섰는지 시에서는 보여주지 않는다. 하지만, 이미 독자는 그 카페 묘사를 통해 카페를 다 보아버렸다. 눈 오는 날 국도 옆에 서 있던 눈에 덮인 카페의 아름다운 정경묘사와 화자의 현재 심리가 잘 되비치는, 그것이 과거여서 아름다운 슬픔이 가득한 시다.

    종이에 살짝 스쳤을 뿐인데
    빨갛게 피가 배어 나온다
    단지, 스쳤을 뿐인데
    몸에 고였던 눈물이 흘러나와
    종이를 빨갛게 물들인다

    너를 보내고 밤새 종이를 접었다

    꽃을 접고 나비를 접고
    새를 접어 허공으로 날렸다

    새는 문턱을 넘어가지 못했다

    옥상에서 벼랑에서
    너에게 날아가는 새가 되고 싶어

문밖을 나서기도 했다가

　　다시 돌아와 종이를 접으며
　　살짝, 스쳤을 뿐인데
　　빨갛게 피가 배어 나온다

　　종이에 슬픔을 베이며
　　들켜버린
　　너에게로 가는 붉은 마음을 접는다

　　　　　　　　　　　　-「새를 접으며」 전문

　흰 종이에 빨간 피가 선명하게 다가온다. 배어 나온 빨간 피는 몸에 고였던 눈물로 전화된다. 눈물과 빨간 피가 중첩되는 인고의 원인은 "너를 보"낸 이별의 슬픔에서 온다. 화자가 종이로 꽃과 새와 나비를 접는 행위와 이별의 대상을 마음에서 접는 행위는 미묘하게 중첩된다. 이렇게 접은 새를 허공으로 날려보지만 종이새는 문턱을 넘어가지 않는다. 시인은 이별의 대상이 몸에서 쉽게 떠나지 않는 힘든 이별의 슬픔을 미묘하고도 적실하게 형상하고 있다.

　시 「장미를 슬픔이라고 불렀다」는 새와 슬픔이 반복된다. 슬픔은 붉고, 목울대를 넘기는 울음과 상관된다. 새는 '그녀'의 슬픔을 대신 울어주는 대리자다. 그리고 새는 슬픔을 물어다 공중으로 나르는 대리자다. 시 「무수리 일기」에서는 자아가 투영된 "발목이 아픈 새"들이 출현한다. 화자는 삶에 지쳐 '길'이 보이지 않을 때 무수리에 가서 빈 배를 보며, "발목이 아픈 새 몇 마리"가 배 위에 앉아 토닥이며 서로를 위로하며 만져주는 상상을 한다.

시 「숨」에서는 "숲의 새들이 바람의 경전을 풀어/ 찬 것들의 숨을 깨"우고 "정류장 모퉁이에 버려진 새의 울음이 숲으로 간다"며, 슬픔을 하늘이나 허공으로 물어 나르는 새의 역할을 긍정하거나 폐기에서 회수로 변전시킨다. 위에 인용된 시에서 보듯 한승희 시에서 새는 시인의 절대적 슬픔을 대신 울어주거나 허공으로 물어 날라 승화시키는 상징 사물이다.

3.

가지 없는 나무는 없다. 나무는 자신의 가지에 새를 앉히고 숲은 새를 품어준다. 한승희 시에서 슬픔을 물어 나르는 새를 자신의 가지에 앉히는 나무와 새를 품어주는 숲을 언급한 시 역시 상당수다. 이를테면 앞에 인용한 시 「숨」에서는 숲의 나무,

「그곳에 카페가 있었다」에서는 나무 모양, 「무수리 일기」에서는 갈대 등이다.

더하여 나무와 숲을 언급한 시는 「가끔씩 나무를 새를 낳는다」, 「퇴촌에서 「자작나무 숲」 「만추」 「접속」 「은밀한 힘」 「노르웨이숲」 「우리의 안쪽」 「봄날은 간다」 「모든 죽음은 나무들의 구석을 지향한다」 「4월의 침묵」 「꽃을 피우려고 나무는」 등이다. 버드나무 등 구체적인 나무를 적시하거나 통칭하여 나무로 표현하기도 한다.

> 부리를 가지고 있는 건 연둣빛밖에 없다
> 겨우내 실종한 새들의 울음소리가
> 나무 속에서 연둣빛 부리를 드러내는,
> 그러나 아직은 어떤 하늘이 뛰어들지 알 수 없고
> 초봄 한때 모든 나무 속엔
> 지난가을 이후 모습을 감췄던
> 새들의 부리들이
> 연둣빛 노래를 꺼내려는 안간힘이 있다
> 그렇다면 새들은
> 지난가을 이후 모두 화석이 되었던 것일까
> 노래를 멈추고 나이테 속에 박힌 채

어두침침한 날들을 넘어왔단 말인가

　　끝내 가슴을 후벼파도 열리지 않는

　　나무들의 지난날

　　그 입구,

　　좀처럼 아무것도 새어 나오지 않을 것 같던

　　나무들의 한 쪽이 바람을 옮기려는 듯

　　우지끈 기우는 한때

　　봄의 나무 속엔 겨우내 노래를 담고 지낸

　　새 몇 마리 푸른 부리를 나이테 밖으로 내밀고 있다

　　　　　　　　　　　　　　　－「가끔씩 나무는 새를 낳는다」 전문

　유사성의 원리를 활용하여, 나뭇가지에서 움트는 새잎을 새의 부리로 비유하고 있다. 겨울이 지나고 새봄에 잎을 피워 올리는 것은 다름 아닌 "겨울에 실종한 새들의 울음소리"라는 상상이다. 부리로 새의 울음소리를 환유하고, 부리로 새 몸뚱이를 환유한다. 은유가 두 사물의 유사성, 즉 부리 모양의 새잎을 새의 부리로 상상하는 비유라면 환유는 두 대상의 인접성을 바탕으로 부리고 새 전체를 상상하는 것이다.

　시인은 봄에 솟아오르는 새잎을 "어두침침한 날들"인 겨울을 견딘 "새들의 부리들이/ 연둣빛 노래를 꺼내려는 안간힘"으로 상상한다. "봄의 나무 속엔 겨우내 노래를 담고 지낸/ 새 몇 마리 푸른 부리를 나이테 밖으로 내밀고 있다"고 한다. 새와 나무가 서로 소통하고 바꾸어 태어나는 환생관계로 상상하는 시인의 감각이 빛나는 시다.

 시「꽃을 피우려고 나무는」에서도 봄날 나무에서 잎눈이 트는 것을 "연둣빛 새의 부리 같은 눈"으로 비유한다. 잎눈은 나무들이 겨우내 묵혀두었던 숨을 크게 훅 뱉어내는 소통의 창구가 된다. 나무는 잎눈을 통해 경쾌하게도 "탕 탕 탕 꽃"이 피는 것이다. 시「은밀한 힘」에서 시인은 오월이 푸르른 것은 "나무들의 슬픔이 많아서"라고 한다. 그러니 나무는 시인이 슬픔을 투영하는 사물이다.

    강물에 발을 담근 버드나무가 물 위로 몸을 기울였다

    가지가 물살을 움켜잡으려는 듯 수면까지 팔을 뻗었다

    어쩌면 가지는 물살이 아니라

    강물에 비춘 자기의 몸을 만지려는 것인지도 모른다

가지마다 새가 와서 아름답게 울어주던 날들의 몸을

몸에 와서 깃을 가다듬고 잠든 바람과

잎사귀에 내려와 빛나던 별 부스러기를 만지려는 것이다

아니다

자신의 그림자 너머에 있는 구름일지도 모르겠다

한 번도 가지에 걸려보지 않은 구름

한 번도 잡아보지 못한 구름을 만지려는 것인지도 모른다

불 꺼진 집으로 혼자 돌아오면서

어쩌면 구름은 내 몸에 한 번도 머문 적이 없는

당신일지도 모른다는 생각 해본다

- 「퇴촌에서」 전문

이 시 역시 비유적 심상이 빛나는 시다. 강가에 인접한 버드나무가 강물에 발을 담그고, 수면에 닿을 듯 늘어진 버드나무 가지를 물살을 움켜잡으려는 듯 팔을 뻗었다는 감각이 남다르다. 그것이 강물에 비춘 자기를 만지려는 버드나무의 자기애 행위로 반전시키는 미묘한 의미전환과 이로써 새로운 의미를 발화시키는 상상력이 남다르다.

　버드나무 "가지마다 새가 와서 아름답게 울어주"거나, "잎사귀에 내려와 빛나던 별 부스러기를 만지려는" 감각과 표현이 아름답다. 이런 버드나무의 배경은 구름이다. 구름은 버드나무에 걸려 본 적이 없다. 버드나무는 현실적 자아이고 구름은 잡을 수 없는 이상적이고 형이상의 자아다. 구름은 화자의 "몸에 한 번도 머문 적이 없는" 슬픔의 근원인 '당신'이다.

　버드나무는 시 「접속」에도 출연한다. 저녁 버드나무는 자기 머리를 흔드는데, 늦은 저녁을 "어둠이 흘러가는 강으로" 털어내고 있는 행위로 비유한다. 여기서 화자는 "어둠을 접는 새의 울음소리"와 "등을 보이며" 보낸 '너'를 환기한다. 새의 울음소리는 너를 보낸 이별의 날에 들었던 울음소리를 상기한다. 화자는 "아침은 쉽게 오지 않을 것"이라면서 이별의 상황이 쉽게 해소되지 않을 것임을 암시한다.

　시 「자작나무 숲」 역시 슬픔의 기원이 '이별'임을 암시한다. 시인의 가면을 쓴 화자는 타자인 '너'를 생각하다가 자작나무 숲에 든다. 화자는 나에게서 멀어져 있는 '너'와 '너'에 아직 머물러 있는 내가 가깝고도 먼 이별을 할 것임을 예감한다. 화자는 가깝고도 먼 사랑, 사무치게 보고 싶다는 말을 숲에 묻고, 잎을 벗으며 겨울을 준비하는 시월의 자작나무와 함께 실연에 '허물어지는' 동병상련의 시간을 보낼 것을 감지한다.

4.

한승희 시에서 꽃은 "슬픔의 내력" 한가운데 피며, 슬픔의 기원을 장식한다. 꽃은 슬픔을 수식하고 과장한다. 역설한다. 그는 시집에서 꽃을 그냥 '꽃'으로 범칭하기도 하지만 제비꽃, 동백꽃, 민들레 등 구체적 꽃 이름을 언급하기도 한다. 시 「엉겅퀴」와 「진달래꽃」은 꽃 이름을 제목으로 하고 있고, 시 「찬란한 슬픔」과 「귀거래사」와 「봄을 팔아요」는 꽃 전체를 범칭하는 꽃으로 표현하고 있다.

시인은 문장에 여러 가지 꽃 이름을 언급한다. 시 「찬란한 슬픔」에서는 민들레와 제비꽃, 「겹」에서는 양파꽃, 「기억의 통로」와 「굽 낮은 민들레」와 「봄의 흔적」에서는 민들레, 「봄의 말을 옮겨놓다」에서는 민들레와 동백, 「탁발」에서는 동백꽃, 「청춘을 위한 파반느」와 「찔레꽃」에서는 찔레꽃, 「별의 꽃」에서는 유홍초, 「붉은 벽돌들의 모퉁이를 돌다」에서는 장미, 「강변 포장마차」에서는 아카시아, 「풍경風磬」에서는 벚꽃 등 다양한 편이다.

> 안개를 호명했던 강의 기슭을 붙들고서
> 악몽 같은 꽃들의 신음을 들었던 것도
> 봄의 입구였다
> 메말랐던 가지 속 곁눈들을 솎아낸 햇살은
> 끝내 동정을 구하지 않았고
> 그럴 때마다 봄은 여전히 불우했던
> 낮은 곳으로 흘러야 한다고 했다
> 몇 줌의 달빛도 꽃을 만나지 못하면
> 그리움을 배울 수 없다고 했다
> 그럴 때마다 강은
> 어떤 말씀이 되기도 전 더 깊은 천형
> 더 고요하게 잊혀야 흐를 수 있는
> 침묵의 날들이 되어야 한다고도 했다
> 해마다 황토물이 몰려왔던 것
> 몇 개의 산과 계절을 깎으며
> 누이의 생애를 더럽혔던 것도 다 잊어야 한다고 했다

> 그러나 나는 그 슬픔들의 내력을 밀쳐놓고
>
> 본교 운동장을 들러야 한다
>
> 아이들이 적어 때론 민들레가 칠판에서도
>
> 피어나던 그곳
>
> 제비꽃이 노트 속에서 말라붙을 때쯤이면
>
> 기말고사가 다가오기도 하던
>
> 길가엔
>
> 여전히 귀 기울여도 들리지 않은 안개의 생애만이
>
> 아침저녁 흰빛 말씀으로 떠돌던 곳을 찾아야 한다고
>
> 그곳에 가면
>
> 오래전에 꽃들의 생애를 저장하는 물빛 그리움이 있다
>
> ―「찬란한 슬픔」 전문

한승희의 슬픔을 장식하는 꽃은 찬란하다. 찬란한 슬픔은 역설이다. 화자는 어느 봄의 입구에서 "악몽 같은 꽃들의 신음을" 듣는 과거가 있었다. 봄은 여전히 불우했던 낮은 곳으로 흘러야 한다고 생각했던 날들이 있었다. 민들레가 작은 학교 칠판에서 피어나고, 제비꽃이 노트 속에서 말라붙던 청소년기였다. 아마도 이런 시절에 대한 어떤 '그리움'과 "물빛 그리움"은 화자의

"슬픔의 내력"을 구성하는 요소가 된다.

위 시와 시 「기억의 통로」는 찬란한 슬픔의 맥락을 같이 한다. 앞에 시 「찬란한 슬픔」이 보여주는 슬픔의 기원이 '그리움'이라면, 「기억의 통로」가 보여주는 슬픔의 기원은 '이별'이다. 화자는 봄날 "어디에선가 불을 켠 적이 있었던" "민들레가 품었을 노란 불안"을 이야기한다. 이런 봄이 "슬픔보다 길었다"니, 이 또한 슬픔의 기원이 된다.

또 위 시와 맥락을 같이 하는 시 「굽 낮은 민들레」에서 화자는 봄이 오자 "노란 슬픔들을 피워 놓"는 민들레를 발견한다. 사월을 뒤척이다가 "노란 슬픔에 베이고 말았"다고 하는 화자는 "모두가 노랗기만 했던 시절/ 세상의 슬픔들은 모두가/ 민들레를 들러/ 울음을 던져놓곤 했"다고 슬픔의 근원을 피력한다.

시 「귀거래사」에서는 "꽃의 과거"를 통해 열매를 상상하고 "꽃들의 이주민"이라는 멋진 구문을 발명한다. 또 "꽃도 오래되면 인습의 가장 그늘진 곳에서/ 슬픔과 마주치는 법"이라는 슬픔의 법칙을 발견한다. 시 「찔레꽃」에서 화자는 유년의 어머니가 "채소 몇 단 팔고 남은 광주리에/ 슬픔 몇 송이 꺾어왔고" 그 해 봄도 시들었다며 화자가 가지고 있는 슬픔의 기원이 오래되었음을 시사한다.

몸에 난 숨구멍을 다 열고
항아리는 숨을 쉬었다

항아리 속엔 어둠이 제 살을 늘리고 있었다

귀퉁이가 깨진 뚜껑을 열자
양파가 제 몸의 겹을 허물며 싹을 밀어 올리고 있었다

그늘이 무성한 항아리 속에서 산란의 길을 찾아 어둠을 줄이며
양파는 꽃이 피는 방향으로 눈을 두고
뿌리로 땅의 길을 더듬어 내고 있었다

빛이 모이는 곳으로 몸을 트느라
벗겨낼수록 뽀얗게 영글었던 겹겹의 몸은 한 겹 한 겹씩 무너졌다
뿌리는 작아지고
몸은 허물어졌다

벗겨낼수록 뽀얗게 속살이 오르던 스무 살의 나는 집을 떠나며
세상에 떠도는 자신감을 믿기로 했었다

무모한 나를 지키기 위해 빛이 드는 방향으로 몸을 틀며
생의 눈부신 순간을 기다렸다

그러나 세상에 남아 있는 눈부신 일이란 꽃을 피우는 일만이
아니었다
더 이상 잎이 자라지 않는 몸에 나는,
씨앗을 심었다

내 몸의 겹을 허물고 나온
내 아이의 스무 살이 몸을 틀고 있다
눈부시게 눈이 부시게

-「겹」 전문

    시인의 자아는 슬픔에 머물지 않고 아래 시처럼 양파가 제 몸의 겹을 허물어 싹을 밀어 올리듯 "몸에 난 숨구멍을 다 열고" 숨을 쉬며, 빛이 있는 쪽으로 "눈부시게 눈이 부시게" 내면의 몸을 틀고 있다. 또 위 시는 슬픔에서 빠져나오려는 시인의 기도가 오래되었음을 보여준다. 화자는 스무 살의 나이에 집을 떠나며, "세상에 떠도는 자신감을 믿기로 했"고, 무모한 자신을 지키기 위해 "빛이 드는 방향으로 몸을 틀며/ 생의 눈부신 순간을 기

다"리는 과거가 있었다. 볕에 잎이 자라지 않으면 "씨앗을 심"은 적이 있다.

시 「비바람의 언덕」에서도 시인은 "해를 발라 먹고 자란 동백이 활활" 불을 지른 바람의 언덕에서 동백을 보다가 "해의 방향으로" 밝은 긍정의 세계로 몸을 기울인다. 시 「진달래꽃」에서도 "아파하지 마라/ 아파하지 마라/ 그 봄에 피우던 꽃이 아니란다/ 그 봄을 피우던 꽃이 아니란다"며 슬픔의 기원이었던 과거의 꽃으로부터 탈주를 위한 절규를 한다.

시 「꽃길」에서 시인은 "길이 환하다/ 꽃이 피었다/ 피어 있는 것들은 모두가 환하다"며 슬픔을 벗어던지고 대 긍정의 세계로 빠져나온다. 오랜 슬픔의 그늘을 지나온 시인이 찾아낸 밝은 자아의 세계다. 슬픔의 길을 걸어온 엄마의 등 뒤에 잊은 듯 피는 꽃은 딸, 즉 시인 자신의 형상이다. 어쩌면 근원적 슬픔을 어머니로부터 유전으로 받은 화자는 자신만의 꽃길을 보는 것이다. 화자가 "꽃이 환하다/ 길이 꽃물 들었다"는 감탄은 새로운 자아의 탄생을 공포한다,

5.

한승희 시인은 시집 처음부터 끝까지, 마치 바흐의 음악을 첼

로로 켜는 듯 주요 사물을 통해 자신의 슬픔을 변주하고 있다. 이런 슬픔을 투영하고 변주하는 주요 사물들을 새와 나무와 꽃으로 나누어 정리하여 보았다. 시인은 주요 사물인 새와 나무와 꽃 등 외부 사물들에 내면의 슬픔을 투영한다. 이런 창작방법은 전통적인 문장의 방식이며, 자기 치유방법 가운데 하나다.

  시인의 문장에서 배어 나오는 "너무 늦게 삼킨 사랑"이나 "사랑이 빠져나간 늑골"로 표현되는 사랑의 상실과 유년의 윗목에서 들었던 "아버지의 가파른 기침소리"와 "배고픔을 성경처럼 끼고 다녔"던 유년의 심리적 외상, "고집 센 사내 하나 들여 살다 꺾인" 상처의 일부분이 근원적 슬픔의 기원이 되었을 것이다.

  이런 "아주 오래전"의 사연들은 "무기력의 관습"이나 시 「능내역」에서 보여준 "세월로 엮은 폐역의 문장"과 "바람의 쓸쓸한 문장"으로 형상된다. 때로는 과거의 슬픔으로부터 탈주하기 위한 "바늘의 맨 끄트머리에서／ 울부짖는 노래"를 부르거나 "절망의 간격"이나 "절망은 모두가 어둔색이다" "절망과 섞인 어둠의 살" 등 절망이 수식하는 표현으로 나타나기도 한다. 그러나 한승희의 자아는 끝내 슬픔의 그늘과 절망을 뚫고 빛을 세계로 나와 환한 꽃의 형식으로 세상에 아름답게 선다.

  이 시집은 지난 세월 새와 나무와 꽃 등 몇 가지 사물에 적층된 자아의 슬픔을 투영하면서 슬픔을 극복해가는 한 인간의 생애사 과정을 적실하게 보여준다. 시인의 시를 읽어 가다 보면 시가 자아를 극복하는데 매우 유용한 도구임이 분명하다는 것을 알게 된다. 많은 분들이 한승희 시인의 시를 읽고, 잠시나마 과거로부터 적층된 자신의 슬픔과 상처를 치유하는 시간을 가져 보길 바란다.